ARLEQUIN,

ROI DANS LA LUNE,

COMÉDIE

EN TROIS ACTES ET EN PROSE.

Représenté *pour la premiere fois, à Paris, sur le Théâtre des Variétés, au Palais-Royal, le 17 Décembre 1785.*

Par Marie Félix Bodard de Tezzay

Le prix est de 1 liv. 4 sols.

d'après Barbier de Goiset

Yth
-1175

A PARIS,

Chez **CAILLEAU**, Imprimeur - Libraire, rue Galande, N°. 64.

M. DCC. LXXXVI.

ÉPITRE

DÉDICATOIRE

A

A M. LE MARQUIS DE LA M. F.

Je t'ai vu de mon Arlequin
Careſſer la timide enfance ;
Il eſt à ſon adoleſcence
Tu dois lui ſervir de parrain.
Sûr à tes yeux d'obtenir grace ,
De mon Drame un peu fou , dit-on ,
Je t'offre l'humble Dédicace ;
Elle n'eſt pas hors de ſaiſon.
Le cadeau te paroîtra mince ,

Mon cher Marquis, je sçais cela ;
Mais quand on donne ce qu'on a,
On est plus généreux qu'un Prince.
D'ailleurs, je compte sur un droit
Dont n'a jamais douté personne :
Et déjà ton cœur me conçoit.
L'amitié si douce & si bonne
Sçait embellir ce qu'elle donne,
Et les présents qu'elle reçoit.

PRÉFACE.

JE ne chercherai point ici à faire l'apologie de cette Pièce, & à justifier les défauts qu'on y remarquera. Je l'offre sans prétention, & je demande qu'on la juge avec indulgence. Elle a fait rire, c'est le seul but que je m'étois proposé. Je me suis jugé moi-même d'avance. Je sçais qu'elle fournit peu d'intérêt; qu'elle laisse beaucoup à désirer du côté de l'intrigue, & que trente représentations qu'elle a eues, en assez peu de temps, pouvoient seules me la faire pardonner.

Cette Comédie n'a de commun que le titre, avec celle de l'ancien Théâtre Italien. Elle est entierement d'imagination, au moins je le crois. Je n'ai cherché qu'un cadre qui put me servir à présenter quelques leçons indirectes de morale, & à fronder quelques-uns de nos travers & de nos ridicules. Si l'on trouve de l'extravagance dans le plan, trop de folie dans les détails, &c. je répondrai qu'on ne réussit gueres autrement aux Spectacles subalternes. On n'y veut que rire, & même pouvoir dire de temps en temps; *comme c'est mauvais!* L'Amour-propre trouve apparemment son compte à ces réflexions. C'est peut-être comme si l'on se disoit : que j'ai d'esprit! que j'ai de goût & de connoissances!

PERSONNAGES.

AZÉMA, Impératrice.

DURPHÉGOR, Grand-Prêtre.

FATIME, Confidente d'Azéma.

L'ÉTHÉRÉE.

ARLEQUIN.

Un Sénateur.

Un Secrétaire.

Un Valet-de-Chambre.

Un Échanson.

Un Maître-d'Hôtel.

Un Médecin.

Un Financier.

Deux Paysans.

Une jeune Bergere.

Deux Garçons d'Office.

Gardes & Personnages muets.

La Scène se passe dans une des Isles de la Lune.

ARLEQUIN,
ROI DANS LA LUNE,
COMÉDIE.

ACTE PREMIER.

(Le Théâtre repréſente une Forêt. Le Soleil n'eſt pas encore levé.)

SCENE PREMIERE.

AZÉMA, FATIME.

AZEMA.

Viens, Fatime, perſonne ne pourra nous entendre dans ce boſquet écarté. Ma paupiere ſe refuſe au ſommeil. Eh ! qui pourroit goûter du repos dans la triſte ſituation où je me trouve ?

A

FATIME.

Votre sort m'afflige autant qu'il m'inquiete.

AZEMA.

Que ne suis-je née dans la claſſe la plus obſcure! Qu'avois-je fait aux Dieux pour m'avoir élevée à ce rang que je déteſte! Cruel Pontife! fais-moi deſcendre de ce Trône où je ſuis eſclave, & rends-moi mon Epoux. Heureuſe dans les bras d'Azor, je n'aurai rien à déſirer.

FATIME.

Une loi auſſi injuſte que bizarre, mais conſacrée par le temps & la ſuperſtition, s'oppoſe à votre bonheur.

AZEMA.

Les adieux d'Azor ne ſortiront jamais de ma mémoire. Chere Azéma, me diſoit-il, un an s'eſt écoulé depuis que je ſuis votre Epoux. Dieux! que ce temps a paſſé rapidement. Une coutume barbare me force d'aller mourir loin de vous. Conduit dans une Iſle déſerte, votre image m'y ſuivra; elle embellira mes derniers moments. Puiſſe le ſort vous donner un Epoux digne de vous! Ah, Fatime! qui pourroit me tenir lieu d'Azor!

FATIME.

N'entends-je point du bruit?

AZEMA.

Eh! quel autre que la triſte Azéma viendroit fatiguer la nuit de ſes plaintes?

FATIME.

Quelqu'un porte ſes pas vers nous; je ne me trompe pas. Rentrons, Madame; auſſi bien le jour commence à paroître.

SCÈNE II.

ARLEQUIN, L'ÉTHÉRÉE.

ARLEQUIN.

Vous avez la voix bien flûtée aujourd'hui : on diroit d'un enfant de chœur.

L'ÉTHÉRÉE.

Tu rêves, car je n'ai pas parlé. Mais as-tu bien assujeti notre Globe? Es-tu bien assuré qu'il ne s'échappera pas?

ARLEQUIN.

J'en répons corps pour corps. Au reste, que le Diable l'emporte s'il veut! Je m'en retournerai fort bien d'ici à pied.

L'ÉTHÉRÉE.

A pied! Sçais-tu où nous sommes?

ARLEQUIN.

A Neuilly peut-être.

L'ÉTHÉRÉE.

Tu es bien loin de ton compte. Apprends que nous sommes dans la Lune.

ARLEQUIN.

Miséricorde, dans la Lune! (*A part.*) C'est son esprit qui est dans la Lune. (*Haut.*) Allons, Monsieur, vous plaisantez.

A 2

4 ARLEQUIN, ROI DANS LA LUNE,

L'ÉTHERÉE.

Non, te dis-je. C'étoit vers la Lune que je diri-
geois mon Ballon.

ARLEQUIN.

La Voiture est bien faite pour le Pays ; elle y
deviendra sûrement à la mode. Ah! ç'à, Monsieur,
parlons sérieusement.

L'ÉTHERÉE.

Faut-il te répéter cent fois que je ne plaisante
pas ?

ARLEQUIN.

Mais je ne croyois pas la Lune plus grande que
la calotte d'un pâté.

L'ÉTHERÉE.

C'étoit son éloignement qui te la faisoit paroître
telle.

ARLEQUIN.

Ah! ah!

L'ÉTHERÉE.

Tu pourras voir d'ici la Terre que nous avons
quittée ; elle te paroîtra à-peu-près de la même
grosseur. Egalement brillante des rayons du Soleil,
elle rend à cette Planette-ci le service qu'elle en
reçoit.

ARLEQUIN.

J'entends, Monsieur ; c'est comme qui diroit
deux voisines qui allument leur feu l'une chez l'autre. Je suis bien aise de sçavoir que la Terre n'est
pas ingrate. Elle donne là un bel exemple à ceux
qui l'habitent, & qu'ils devroient bien suivre plus
souvent. Au reste, ce ne sont pas mes affaires. Si

bien, Monsieur, que la Terre est la Lune de la Lune ?

L'ÉTHERÉE.

Précisément.

ARLEQUIN.

Mais je ne vois pas les yeux, la bouche & le nez de la Lune.

L'ÉTHERÉE.

Imbécille ! ce qui te paroissoit former les traits d'un visage, n'est autre chose que des lacs, des bois, des montagnes.

ARLEQUIN.

La belle chose que d'être Astrologue, pour parler si bien de ce qu'on ne voit qu'avec une lorgnette !

L'ÉTHERÉE.

Nous sommes dans une Isle ; il faut tâcher de sçavoir si elle est habitée.

ARLEQUIN.

Elle l'est, Monsieur, & par des gens raisonnables.

L'ÉTHERÉE.

Comment sçais-tu cela ?

ARLEQUIN.

Il me semble que j'ai apperçu là-bas l'Enseigne d'un Cabaret ; ainsi, Monsieur, nous pouvons fixer ici notre domicile.

L'ÉTHERÉE.

Aurois-tu déjà perdu courage, mon cher Arlequin ? Que de merveilles il nous reste encore à visiter ! Nous ne resterons ici que quelques heures. Je

A 3

veux parcourir toutes les Planetes. Nous commencerons par Mercure que nous verrons entrer en conjonction avec Vénus.

ARLEQUIN.

Est-il bien prudent de choisir ce moment-là pour lui rendre visite?

L'ÉTHERÉE, *avec enthousiasme.*

Jupiter entouré de ses Satellites, Saturne avec son anneau lumineux, les Cometes, qui traînent après elles une queue étincelante ; rien n'échappera à notre curiosité.

ARLEQUIN.

Ma foi, Monsieur, toutes ces choses-là sont plus belles à voir de loin que de près, & , si vous m'en croyez, puisque nous sommes arrivés ici sains & saufs, nous y resterons.

L'ÉTHERÉE.

Ame pusillanime! quand je veux t'associer à ma gloire, te faire participer à mes brillantes destinées, tu préferes végeter honteusement.

ARLEQUIN.

Ne pouvons-nous pas étudier la Nature aussi bien ici qu'ailleurs? Nous avons failli cent fois nous casser le cou; pour moi, je vous préviens que je ne bouge plus d'ici.

L'ÉTHERÉE.

Le courage te reviendra. Attends-moi ici, je vais voir si je ne découvrirai point quelque habitation.

SCENE III.

ARLEQUIN, *seul.*

Non, j'ai beau me tâter, je ne pourrai jamais me résoudre à tenter de nouveaux voyages en plein vent. Si Monsieur mon Maître veut absolument courir les airs, que ne se fait-il accompagner par des Grues ? Pour moi, qui ne suis pas un animal volant, je veux marcher. Passe encore pour aller dans la Galiotte de Saint Cloud, c'est une façon de voyager décente, commode & qui n'est pas périlleuse. Aussi, je ne l'aurois sûrement pas suivi, s'il n'avoit eu la précaution de me faire avaler une dose de courage dans deux bouteilles de Bourgogne, mesure de Saint Denis. Je ne me serois pas exposé à traverser, sans parapluie, ces gros vilains nuages qui m'ont mouillé jusqu'à la peau. Un chemin ennuyeux ! ennuyeux comme un Mardi-Gras sans bonne-chere. Ne rencontrer que des Coucous qui vous disent des sottises. Enfin, un bon vent me pousse dans la Lune, je me fais lunatique. On ne sçait pas ce que la fortune me garde. Nul n'est Prophête dans son Pays, à ce que dit le Proverbe..... Mais..... je ne me trompe pas. Je vois, à travers les arbres, une femme qui vient de ce côté. C'est peut-être déjà une bonne aventure.

A 4

SCENE IV.

ARLEQUIN, FATIME.

(Scene pantomime entre Arlequin & Fatime. Il la salue. Fatime le regarde avec surprise, & lui demande par signe qui il est & d'où il vient. Réponse & lazzi d'Arlequin. Il témoigne par ses gestes combien il est ravi de la rencontrer & qu'il la trouve jolie, &c. &c.)

FATIME.

COMMENT donc ! je crois qu'il est galant.

ARLEQUIN.

Sangodemi ! elle parle françois. Ai-je bien entendu, Madame? Parlez-vous la même Langue que moi ?

FATIME, *vivement,*

Oui, Seigneur Etranger ; & vous m'en voyez aussi surprise que vous me paroissez l'être vous-même. Mais, qui êtes-vous ? D'où venez-vous? Est-ce la tempête qui vous a jetté dans cette Isle ? Y a-t-il long-temps que vous y êtes ? Etes-vous seul ? Instruisez-moi donc, je vous prie.

ARLEQUIN, *lentement.*

Madame, pour que je vous instruise, il faut que vous m'entendiez ; & pour m'entendre, il faut m'écouter.

FATIME.

Rien de plus juste.

COMEDIE.

ARLEQUIN.

Je fuis Arlequin & votre petit ferviteur. Je viens d'un autre Monde qui eft bien loin d'ici ; tout là-bas, là-bas. Je ne fuis venu ni en bateau, ni à pied, ni à cheval, ni en caroffe, ni en chaife-à-porteur, mais eñ Ballon. Je fuis arrivé, depuis un quart d'heure, bien portant & avec bon appétit. J'ai un Camarade de voyage qui fe promene ici près ; c'est un habile Phyficien qui court le Monde pour fon plaifir. Madame, voilà mon hiftoire.

FATIME.

Comment ! dans un ballon ?

ARLEQUIN.

Oui, par air. C'eft une façon de voyager nouvelle & agréable.

FATIME, *à part.*

Cet homme n'eft pas dans fon bon fens.

ARLEQUIN.

Pourrois-je vous demander à mon tour où je fuis, qui vous êtes & fi vous favez par quel hafard vous parlez le même langage que moi ?

FATIME.

Je fuis la Favorite de l'Impératrice qui regne dans cette Ifle. Une Fée puiffante, nommée Frivoline, a gouverné autrefois cet Empire. C'eft-elle qui a fubftitué à l'ancien langage du pays celui que nous parlons.

ARLEQUIN *à part.*

Frivoline ! oui, ce pourroit bien être quelque Françoife qui feroit venue auffi dans un Ballon. (*haut.*) D'où étoit-elle cette Fée ?

FATIME.

Elle étoit venue, dit la tradition, de la Lune.

ARLEQUIN.

Comment ! de la Lune ! mais nous y sommes
dans la Lune.

FATIME.

Point du tout. La Lune est une petite planete
fort éloignée, que nous appercevons quand il ne
fait pas de brouillard.

ARLEQUIN.

Non, Madame, cette planete dont vous parlez
& qui n'est pas si petite que vous le dites s'appelle
la Terre ; & la Lune, c'est où nous sommes. Si
j'avois sur moi mon Almanach de Liege....

FATIME.

Non, mon cher, c'est précisément le contraire.

ARLEQUIN *à part.*

Il ne faut pas la contredire, car elle pourroit se
fâcher.

FATIME.

Il y a donc des hommes dans votre monde ?

ARLEQUIN.

Et de toutes les couleurs. Des beaux, des laids,
des gens de bonne mine comme moi.

FATIME.

Tout ce que vous dites redouble ma curiosité.
Seigneur étranger, satisfaites mon impatience ; en-
trez de grace dans quelques détails.

ARLEQUIN.

Volontiers. (*A part.*) Il faut prendre garde à ce que nous allons dire & ne pas perdre ici notre Monde de réputation. (*Haut.*) Madame, notre Monde est un Monde... comme il faut. Il est habité par d'honnêtes gens qui vivent en bonne intelligence entre eux. L'intérêt ne les divise jamais. Ils ne sont ni Joueurs, ni Avares, ni Libertins. Les femmes n'y sont ni fausses, ni Coquettes, ni médisantes, mais sages & douces comme des petits Agnelets, & elles se font une loi d'être toujours fidèles à leurs maris... ouf !... C'est comme j'ai l'honneur de vous le dire &, si l'on vous en a parlé différemment on vous a trompée.

FATIME.

Eh ! bien, Seigneur, c'est tout comme chez nous.

ARLEQUIN.

Si vous êtes aussi sincère que moi, je suis au fait de votre Monde comme si j'y étois né... mais.... n'entends-je pas de la Musique ?

FATIME.

Oui, Seigneur; vous allez être témoin en ce lieu même d'une cérémonie qui vous étonnera peut-être. Notre Souveraine n'a plus d'époux & c'est le sort qui doit lui en donner un autre. En votre qualité d'étranger, vous devriez même être au nombre des Concurrents.

ARLEQUIN.

Moi !

FATIME.

C'est la loi du pays.

ARLEQUIN.

C'eſt une loi très ſage que cette loi là. Malpeſte! un Royaume en loterie! que ſait-on ce qui peut arriver?

FATIME.

La grandeur a ſes dégouts; plus les Princes ſont élevés, plus les revers qu'ils éprouvent ſont affreux.

ARLEQUIN.

Vous en direz tout ce qui vous plaira, mais je voudrois un peu tâter de la Royauté, ne fut-ce que pour quinze jours.

FATIME.

Il ſeroit plus prudent, croyez-moi, de vous éloigner pour un inſtant do ces lieux. Le Grand-Prêtre, précédé des Grands de la Nation & du peuple s'avance vers nous,

ARLEQUIN.

Je reſte ici, Madame, je ſuis fait pour être Empereur tout comme un autre.

SCENE V.

ARLEQUIN, FATIME, LE GRAND-PRÊTRE, SUITE, MUSICIENS. *Ils exécutent une marche.*

DURPHEGOR, *appercevant Arlequin.*

QUE l'on ſaiſiſſe cet étranger, qui, ſelon nos loix doit être le premier à tirer au ſort.

ARLEQUIN.

Il n'est pas besoin de me prier pour cela, Seigneur Muphti ; je suis prêt à faire ce que vous desirez.

DURPHEGOR.

Parlez-vous sérieusement ?

ARLEQUIN.

Très-sérieusement. N'ai-je pas l'air assez noble pour faire un Empereur ?

DURPHEGOR.

Voici l'urne sacrée, Seigneur ; prenez un billet & que le sort vous soit toujours propice.

ARLEQUIN.

Voyons. Je m'en tiens à celui-là.

DURPHEGOR *ayant ouvert le billet.*

Peuple, voici votre Empereur.

ARLEQUIN.

Mais ce n'est pas un Empereur pour rire, au moins.

DURPHEGOR.

Vous en serez convaincu. Que l'on me donne la Couronne & le Manteau Impérial.

(*La Musique joue pendant qu'on habille Arlequin.*)

ARLEQUIN, *revêtu des habits.*

Pardi ! ils n'y font pas grande cérémonie dans ce Pays-ci. Ces habillements me vont à merveille. Eh bien ! voilà comme la fortune nous caresse au moment que nous y pensons le moins. Je n'aurois pas été si heureux, si j'avois joué de l'argent.... Mais, voici mon Maître. Comme il va être surpris ! Je veux l'intriguer un moment.

SCENE VI.

LES PRÉCÉDENTS, L'ÉTHÉRÉE, ARLEQUIN, *parle bas à Fatime.*

FATIME, *à l'Ethérée.*

APPROCHEZ, Seigneur Etranger, & bannissez toute crainte. Vous êtes chez un Souverain qui connoît les loix de l'hospitalité. Le très-magnanime Empereur que vous voyez, me charge de vous demander quel motif vous conduit dans ses Etats.

L'ÉTHÉRÉE.

Pardonnez, Madame. Je reviens avec peine de ma surprise, en vous entendant parler la même Langue que moi. Vous êtes sans doute aussi Etrangere en ces lieux ? Mais je dois répondre à votre question. C'est la tempête qui m'a jetté sur les rochers qui bordent cette Isle.

FATIME, *à l'Ethérée, après avoir parlé bas à Arlequin.*

Etes-vous seul ?

L'ÉTHÉRÉE.

Mon Valet a partagé mon sort.

ARLEQUIN, *bas à Fatime.*

C'est que je le servois quelquefois pour m'amuser, parce que je suis fort obligeant.

FATIME.

Qu'est devenu votre Compagnon de voyage ?

L'ÉTHERÉE.

Je l'avois laissé dans ce lieu même. La frayeur l'aura sans doute fait s'éloigner.

ARLEQUIN, *haut.*

Et moi, je vais le trouver tout-à-l'heure. Arlequin, mon ami, où es-tu?

L'ÉTHERÉE, *le reconnoissant.*

Que vois-je! ô Ciel! dois-je en croire mes yeux?

ARLEQUIN.

Oh! c'est bien moi.

L'ÉTHERÉE.

Explique-toi donc.

ARLEQUIN.

Ces gens-ci avoient besoin d'un Empereur; ils ont mis la Couronne en Loterie, & j'ai attrappé le gros-lot.

L'ÉTHERÉE.

Comment.....

ARLEQUIN, *avançant sur le Théâtre.*

Venez par ici. Il n'est pas nécessaire que tout le monde nous entende.

L'ÉTHERÉE.

As-tu perdu la tête, mon pauvre Arlequin? Prétendrois-tu gouverner des hommes, dont tu ignores les usages & les mœurs?

ARLEQUIN.

Ma foi! je ne sçai pas si le métier d'Empereur est bien difficile, mais je veux en essayer.

L'ÉTHERÉE.

Tu ne songes pas à tous les écueils dont un Prince est environné, à l'étendue des devoirs que son état lui impose.....

ARLEQUIN.

Ah ! que si. J'ai déjà de bonnes idées, dont vous serez étonné vous-même. Je connois des moyens infaillibles pour rendre mes sujets heureux.

L'ÉTHERÉE.

J'admire ta simplicité.

ARLEQUIN.

D'abord, pour mon joyeux avènement, je ferai pendre tous les Procureurs.

L'ÉTHERÉE.

Fort bien !

ARLEQUIN.

Je veux que les Habitants de mon Royaume dînent deux fois par jour, & qu'ils ne mangent que de la croûte de pâté au lieu de pain.

L'ÉTHERÉE.

A merveille !

ARLEQUIN.

Ecoutez donc : j'ai encore d'autres projets. Comme c'est la différence des fortunes qui empêche les hommes de vivre en bonne intelligence, & que pauvreté engendre tricherie, je donnerai à chacun de mes sujets vingt mille livres de rente, & je les annoblirai tous pour qu'il n'y ait pas de jalousie.

L'ÉTHERÉE.

Tu extravagues, mon pauvre Arlequin.

ARLEQUIN.

ARLEQUIN.

Quand on les verra tous comtes ou marquis, on ne demandera pas si je suis gentilhomme.

L'ÉTHERÉE.

Parlons sérieusement, Arlequin. Je pars, voudrois tu m'abandonner?

ARLEQUIN.

Soyez raisonnable, Monsieur, je trouve une bonne place. Pourquoi ne voulez-vous pas que j'en profite?

L'ÉTHERÉE.

Je croyois qu'Arlequin avoit plus d'attachement pour son maître.

ARLEQUIN.

Qui vous empêche de rester ici & de partager ma fortune? Demandez-moi tout ce qui vous plaira & vous serez satisfait. Voulez-vous de la gloire sans profit? je vous donnerai un Régiment. Voulez-vous du profit sans gloire? je vous ferai maltôtier.... Mais nous parlerons de cela tantôt. (*A sa suite.*) Dites-moi, vous autres? les Empereurs dînent-ils dans ce Pays-ci?

LE MAITRE-D'HOTEL.

Oui, Seigneur.

ARLEQUIN.

Qui êtes-vous?

Le MAITRE-D'HOTEL.

Je suis le Maître-d'Hôtel de votre Hautesse.

B

ARLEQUIN, *le saluant.*

Ah ! ah ! j'en suis bien aise, mon ami. Je vous estime beaucoup. (*A un autre.*) Et vous ?

LE SÉNATEUR.

Seigneur, je suis un des officiers de Justice de votre Hautesse.

ARLEQUIN.

Savez-vous, à l'aide des autres gens de Loi, prolonger la durée des Procès & ruiner les pauvres Plaideurs ? Dormez-vous bien à l'Audience ?

LE SÉNATEUR.

Non, Seigneur, presque pas.

ARLEQUIN.

Ces gens de la Lune ne sçavent pas leur métier, il faut que je les envoie en apprentissage chez nous. (*Au Médecin.*) Et vous, êtes-vous aussi un homme de Robe ?

LE MÉDECIN.

Seigneur, je suis le premier Médecin de votre Hautesse.

ARLEQUIN.

Savez-vous guérir vos malades avec le bout du doigt, à travers une muraille, ou bien en jouant un air de flageolet ?

LE MÉDECIN.

Non, Seigneur. Je n'emploie d'autres moyens que ceux qui sont approuvés par la très-salubre Faculté de cette Isle.

ARLEQUIN.

Eh bien ! vous n'êtes qu'un ignorant auprès des

Médecins de mon Pays. Ils font tous les jours des miracles qui les furprennent eux-mêmes. J'en connois un qui a inventé deux maladies, & qui en a retrouvé trois qui étoient perdues depuis deux fiecles..... Mais, il en eft temps, allons nous mettre à table.

(Ils fortent en formant une autre marche.)

Fin du premier Acte.

ACTE II.

(Le Théâtre repréſente un appartement du Palais de l'Empereur. Arlequin, ſeul à table, s'eſt endormi après ſon dîner. Les principaux Officiers de la Couronne ſont debout près de lui. La Muſique, qui a joué pendant le repas, continue.)

SCENE PREMIERE

ARLEQUIN, Suite.

ARLEQUIN, *ſe réveillant.*

Au Diable la muſique lunatique ! Je dormois-là comme une marmotte ; je faiſois le plus joli rêve du monde , & ces faquins-là viennent me diſtraire à l'endroit le plus intéreſſant. Qu'on les mene..... à la cave ; ils ne viendront pas m'étourdir de ſi-tôt. Eh bien ! on ne me fait donc pas dîner ?

LE MAITRE-D'HOTEL.

Eſt-ce que ſa Hauteſſe dîne deux fois ?

ARLEQUIN.

Non. Je fais exactement mes quatre repas ; & dans l'occaſion , ſi je rencontre un ami & que je me trouve près de la Nouvelle-France ou des Porcherons , je ne refuſe pas un petit goûté. Mais il eſt à préſent queſtion de dîner. Allons , qu'on ſe dépêche.

LE MAITRE-D'HOTEL.

Seigneur, vous n'y fongez pas; vous venez de dîner.

ARLEQUIN.

Moi! j'ai diné?

LE MAITRE-D'HOTEL.

Oui, Seigneur. Demandez plutôt.

ARLEQUIN, *s'adreſſant à des Garçons d'Office l'un après l'autre.*

Moi! j'ai diné?

I. GARÇON-D'OFFICE.

Oui, Seigneur.

ARLEQUIN.

J'ai diné?

II. GARÇON-D'OFFICE.

Oui, Seigneur.

ARLEQUIN, *fait la même queſtion à pluſieurs autres.*

Moi! j'ai diné! Ecoutez donc, Meſſieurs, eſt-ce que vous vous moquez de moi? J'ai diné! mon eſtomach me dit le contraire, & l'eſtomach d'un Empereur n'a jamais menti.

LE MAITRE-D'HOTEL.

Il perd donc quelquefois la mémoire, car je puis aſſurer votre Hauteſſe que nous l'avons traitée de nôtre mieux, J'ai fait ſervir tout ce qu'il y a de plus fin en petits pieds; des oiſeaux-mouches farcis, des colibris aux piſtaches.

B 3

ARLEQUIN.

Ah! je m'en souviens à préfent. Le beau dîner que vous m'avez fait faire avec vos petits pieds, vos cobiribis & vos mouches! Eft-ce que vous me prenez pour une hirondelle? Je ne m'étonne pas fi j'avois oublié un pareil dîner.

LE MAITRE-D'HOTEL.

Si votre Hauteffe foupe,.....

ARLEQUIN.

Comment! fi je foupe. Plutôt deux fois qu'une, entendez-vous? Je ne fuis pas Empereur pour m'aller coucher fans fouper, peut-être.

LE MAITRE-D'HOTEL.

Votre Hauteffe peut ordonner les mets qui lui conviendront le mieux.

ARLEQUIN.

A la bonne heure. C'eft parler cela.

LE MAITRE-D'HOTEL.

Je lui fervirai ce foir des végétaux; choux-fleurs, épinards, chicorée, laitue, betteraves, falfifis, topinambours.....

ARLEQUIN, *lui mettant la main fur la bouche.*

Arrête, Bourreau. Me prends-tu pour un Hermite avec tes végétaux? Donne-moi des animaux, animal, & garde pour toi tes végétaux & tes minéraux... Vous me donnerez d'abord un grand plat de macaroni.

LE MAITRE-D'HOTEL.

Seigneur, ce gibier nous eft inconnu.

ARLEQUIN, *d'un air de pitié.*

Macaroni gibier !

LE MAITRE-D'HOTEL.

Volaille , si vous voulez.

ARLEQUIN.

Macaroni volaille !

LE MAITRE-D'HOTEL.

Eh bien ! cet animal.....,

ARLEQUIN.

Animal toi-même , entends-tu. Il te convient bien de traiter le macaroni d'animal ! Je croyois la Lune le meilleur des Mondes possibles, & il n'y a pas de macaroni dans la Lune. Y a-t-il au moins des dindes aux truffes de Périgueux ?

LE MAITRE-D'HOTEL.

Non , Seigneur.

ARLEQUIN.

Des pâtés de le Sage ?

LE MAITRE-D'HOTEL.

Non , Seigneur.

ARLEQUIN.

Des jambons de Mayence ?

LE MAITRE D'HOTEL.

Non , Seigneur,

ARLEQUIN.

Non , Seigneur ; non , Seigneur. Ces gens-là ne disent jamais oui. Où Diable me suis-je fourré ?

B 4

J'enverrai bientôt au Diable l'*Empereurerie*, moi.
Comment vivez-vous donc dans ce Pays-ci ?

LE MAITRE D'HOTEL.

Si Monseigneur aime les grosses pieces, on peut
lui servir de temps en temps un bon aloyau.

ARLEQUIN.

Un tous les jours aux quatre repas.

LE MAITRE D'HOTEL.

Une longe de veau.

ARLEQUIN.

De Pontoise ? Une tous les jours aux quatre
repas.

LE MAITRE D'HOTEL.

Un excellent gigot de mouton.

ARLEQUIN.

Un tous les jours aux quatre repas.

LE MAITRE D'HOTEL.

Un petit cochon de lait.

ARLEQUIN, *sautant de joie.*

Un petit cochon-de-lait, mon ami ! un petit
cochon-de-lait ! Viens, que je t'embrasse. Un petit
cochon-de-lait ! Sangodemi ! Un tous les jours aux
quatre repas, & puis un autre avant déjeûner,
après les huitres. Un petit cochon-de-lait ! Oh ! me
voilà raccommodé avec la Lune. Allons, allons,
mon ami ; va me rôtir un petit cochon-de-lait, pour
servir de dessert au mauvais dîner que tu m'as fait
faire... A propos ! pourquoi ne m'a-t-on pas donné
du vin de Bourgogne ?

L'ÉCHANSON.

Nous ne le connoissons pas, Seigneur.

ARLEQUIN.

Tant pis pour vous. Vous avez du Champagne?

L'ÉCHANSON.

Non, Seigneur.

ARLEQUIN.

Du vin de Bordeaux? On le sait voyager celui-là.

L'ÉCHANSON.

Non, Seigneur.

ARLEQUIN.

Au moins vous avez du vin de Surêne?

L'ÉCHANSON.

Non, Seigneur.

ARLEQUIN.

Voilà ces diables de non qui recommencent. Celui-ci va me donner la pepie. Quel vin avez-vous donc? Car encore faut-il boire. Si vous n'avez pas de vin, comment voulez-vous qu'on gouverne un Empire?

L'ÉCHANSON.

Je donnerai à sa Hautesse du même qu'elle a eu à son diner. La bouteille que je lui ai servie n'avoit pas moins de trente ans.

ARLEQUIN.

Elle étoit bien petite pour son âge. Vous aurez soin de m'en servir une demi-douzaine. Le vin me donne de l'esprit à moi, & il m'en faut. Messieurs, rendez-moi le service de vous en aller. J'ai affaire à moi, & je veux être seul.

SCENE II.

ARLEQUIN, *seul.*

ENFIN, me voilà Empereur au moment où j'y pensois le moins! Il faut convenir qu'il y a plus de bonheur que de bien-jouer. Je me trouve le Maître d'un joli petit Empire, qui semble avoir été planté exprès pour moi au milieu de la Mer. Point d'ennemis à craindre, & des sujets qui paroissent de bons enfants. Bien nourri, bien logé, éclairé, blanchi, & pas grand'chose à faire ; pardi ! c'étoit mon vrai ballot. C'est un Bénéfice simple qu'un Royaume comme celui-là! Ma foi! que mon Maître aille, s'il veut, courir la prétantaine ; je suis bien ici, j'y reste. Je me soucie bien, moi, de la bague de Saturne, & des Gardes-du-Corps de Jupiter. Je n'ai qu'à me perdre dans ces tourbillons qui sont là-haut & là-bas, ou me casser la tête contre une Planete, ou rencontrer quelque Comete qui me donnera de sa queue dans le visage. Oh! que non, Arlequin n'est pas si bête. J'aime bien mieux tout bonnement être Roi de cinq à six cents lieues de Pays, puisque çà se trouve comme çà. Ouais! Fort bien ! Je vas épouser l'Impératrice, & je ne pense pas à Colombine que j'ai laissée à Paris. Ma foi! il y a bien loin ; & puis, j'ai connu de fort honnêtes Dames qui faisoient des infidélités à meilleur marché. Je peux, pour la dédommager, lui envoyer quelque cadeau de conséquence. Oui, faisons-lui écrire une jolie lettre. Hola !

quelqu'un ; holà ! mes Gardes-Côtes , mes gens !
Il n'y a pas d'Empereur dans le Royaume , qui soit
aussi mal servi que moi.

SCENE III.

ARLEQUIN, UN VALET-DE-CHAMBRE,
richement vêtu.

ARLEQUIN.

QUE Diable ! je me tue à appeller quelqu'un...;
Ah ! Monsieur , mille pardons ; c'est un de mes
gens que je demandois.

LE VALET-DE-CHAMBRE.

Seigneur, je suis votre Valet-de-Chambre.

ARLEQUIN.

Vous, Monsieur ! mon Valet-de-Chambre !

LE VALET-DE-CHAMBRE.

Oui, Seigneur.

ARLEQUIN, à part.

Je le prenois pour un gros Monsieur. Parlons-lui
honnêtement ; (Haut & sa Couronne à la main.)
Monsieur.....

LE VALET-DE-CHAMBRE,

Seigneur ?

ARLEQUIN, à part.

C'est qu'en vérité je suis tout honteux. (Haut.)

28 ARLEQUIN, ROI DANS LA LUNE,

(*Haut.*) Monsieur , voudriez-vous me faire un plaisir ?

LE VALET-DE-CHAMBRE.

Que votre Hautesse commande.

ARLEQUIN, *à part.*

Commande ! je n'en ai pas encore bien pris l'habitude. Oh ! cela viendra. Après tout , je ne suis pas le premier qui se fasse servir, après avoir servi les autres. (*Haut.*) J'ai une lettre à écrire pour le Pays étranger , appellez-moi un Commissionnaire qui m'aille chercher..... un homme..... Comment appellez vous cela ?..... Une machine à écrire , qui fait des Placets pour le Roi.

LE VALET-DE-CHAMBRE.

Un Écrivain public ?

ARLEQUIN.

Juste.

LE VALET-DE-CHAMBRE.

Mais....., votre Hautesse a son Secrétaire.

ARLEQUIN.

Ah ! oui , j'ai mon Secrétaire ; je n'y pensois pas. Qu'est-ce que c'est qu'un Secrétaire ? N'est-ce pas de ces gens qui sont chargés d'avoir de l'esprit pour deux personnes ?

LE VALET-DE-CHAMBRE.

C'est un homme à qui vous confiez vos plus secretes pensées.....

ARLEQUIN.

Dites-moi , mon ami , mon Secrétaire est-il bien secret ?

LE VALET-DE-CHAMBRE.

Son devoir est de l'être. Mais je ne sçais trop que vous dire sur le sujet qui exerce cet emploi auprès de vous. Votre Prédécesseur ne s'en louoit pas beaucoup. On dit, mais je n'oserois le croire, qu'il a quelquefois abusé de la confiance de notre auguste Empereur..... Mais le voici lui-même.

SCENE IV.

ARLEQUIN, LE VALET-DE-CHAMBRE, LE SECRÉTAIRE.

LE VALET-DE-CHAMBRE, *au Secrétaire.*

Monsieur, vous arrivez à propos ; sa Hautesse a besoin de vous. Elle daignoit m'entretenir dans ce moment même de ce qui vous regarde, & je lui faisois de vous tout l'éloge que vous méritez.

ARLEQUIN, *à part.*

C'est comme dans mon Pays.

LE SECRÉTAIRE.

Je connois, Monsieur, l'étendue de votre zèle, & j'ai la reconnoissance que je dois pour vos soins généreux.

ARLEQUIN.

Entendez-vous, Valet-de-chambre ?

(*Le Valet-de-Chambre sort.*)

SCENE V.

ARLEQUIN, LE SECRÉTAIRE.

ARLEQUIN.

AH ! ç'à , mon ami ; parlez-moi, là..... tout naturellement.

LE SECRÉTAIRE.

Je fais serment à votre Hautesse de la franchise la plus scrupuleuse.

ARLEQUIN.

Dites-moi : êtes-vous honnête homme ?

LE SECRÉTAIRE.

Seigneur ; je puis vous protester.....

ARLEQUIN.

C'est que si vous ne l'êtes pas , il faut me le dire... Mais vous avez l'air assez bon Diable, & je vous aime mieux que cet Escogriphe qui sort d'ici & qui ne dit pas grand bien de vous. Il s'agit de m'écrire une lettre ; mais sur-tout de la discrétion. Si je suis content de vous , je vous donnerai un bon Gouvernement , ou je vous ferai Receveur de mes deniers. Si vous ne me servez pas bien , je vous ferai couper la tête. Entendez-vous, mon ami ?

LE SECRÉTAIRE.

Très-clément Empereur, vous pouvez être assuré de mon dévouement.

ARLEQUIN.

C'est que je vous fais couper une tête , moi : cela ne pèse pas une once. Dites-moi une chose : avez-vous beaucoup d'or dans ce Pays-ci ?

LE SECRÉTAIRE.

Oui , Seigneur.

ARLEQUIN.

Je voudrois faire un petit cadeau à une..... Princesse de ma connoissance qui est une bien bonne fille.

LE SECRÉTAIRE.

Permettez-moi , Seigneur , de vous observer que l'or est le moins précieux de nos métaux ; que son inutilité nous empêche d'en faire aucun cas.

ARLEQUIN.

Quoi ! vous n'estimez pas l'or plus que cela ?

LE SECRÉTAIRE.

Non , Seigneur.

ARLEQUIN.

Vous ne faites pas tout au monde pour vous en procurer !

LE SECRÉTAIRE.

Non , Seigneur.

ARLEQUIN.

Vous ne sacrifiez pas honneur , parents , amis , pour en avoir beaucoup !

LE SECRÉTAIRE.

Non certainement , Seigneur.

ARLEQUIN, *à part.*

Ces gens de la Lune n'ont pas le sens commun. (*Haut.*) Vous avez sans doute des diamants, des pierreries ?

LE SECRÉTAIRE.

Votre Hautesse en trouvera dans son trésor au-delà de ses desirs.

ARLEQUIN, *à part.*

J'enverrai des diamants, ce sera plus honnête. Faisons d'abord la lettre. (*Haut.*) Ecrivez. *Ma chere amie.... ma chere amie..... ma chere amie.....* Relisez-moi cela.

LE SECRÉTAIRE, *lit.*

Ma chere amie.

ARLEQUIN.

C'est fort bien !

Je t'écris ces lignes, pour te dire que je me porte bien, à l'exception que je suis devenu Empereur, ce qui pourroit bien m'empêcher de revenir de si tôt. Pour te consoler de mon absence, je t'envoie une pacotille de pierres fines. Tu auras dequoi acheter des bonnets ronds, des caracos, & plusieurs Châteaux... plusieurs Châteaux..... avec lesquels je suis ton fidele ami, ARLEQUIN PREMIER, *Empereur.*

Et l'adresse, à Mademoiselle, Mademoiselle Colombine, rue de la Huchette, maison du premier Rôtisseur à droite, à Paris.

LE SECRÉTAIRE.

Votre Hautesse desire-t-elle signer ?

ARLEQUIN.

Je vous dis de signer pour moi. J'ai mal au pouce.

LE

LE SECRÉTAIRE, *donnant la lettre à Arlequin.*

Si Monseigneur veut se donner la peine de lire...

ARLEQUIN, *prenant la lettre.*

Donnez-moi cette lettre, que je voie un peu si c'est bien écrit. Hum! voilà un mot qui n'est pas trop lisible.

LE SECRÉTAIRE.

Votre Hautesse ne fait pas attention qu'elle ne tient pas le papier du sens qu'il faut.....

ARLEQUIN.

Vous voudriez peut-être apprendre à lire à un Empereur. Chacun lit à sa méthode, entendez-vous? Cachetez cette lettre.

LE SECRÉTAIRE.

Mettrai-je le grand sceau de cire bleue?

ARLEQUIN.

La couleur n'y fait rien, pourvu qu'elle soit cachetée. Après cela vous emplirez une petite cassette de gros diamants.

LE SECRÉTAIRE.

Quelle quantité votre Hautesse?.....

ARLEQUIN.

Un litron ou deux, puisqu'ils ne sont pas chers ici. Vous ferez un paquet du tout; vous irez le porter à la Diligence, & vous paierez le port.

LE SECRÉTAIRE.

Je prendrai la liberté d'observer à Monseigneur qu'aucune ville de sa domination ne porte le nom de Paris.

C

ARLEQUIN.

Eh! pardi! vous avez raison, je n'y penſois pas. Je ne ſçais où j'avois la tête d'oublier que je ſuis dans la Lune. Mais... il me vient une idée. Je n'ai qu'à renvoyer notre Ballon, il s'en retournera ſans doute d'où il eſt venu. A ce moyen, je force mon Maître de ſe fixer auprès de moi. Bravo! (*Au Secré-taire.*) Allez toujours faire le paquet , mon ami. (*à part.*) Mon Secrétaire ira dans le petit bois où notre machine eſt cachée ; il attachera le ballot de Colombine dans la Gondole; il coupera la corde , & voilà le Ballon qui s'en va tomber..... peut-être à Goneſſe ou bien ſur le Pont-Neuf. Que ſçait-on ? Allons donner nos ordres pour l'exécution de ce projet.

Fin du ſecond Acte.

ACTE III.

(Le Théâtre représente une partie des jardins du Palais. On voit une colonnade dans le fond.)

SCENE PREMIERE.

ARLEQUIN, LE SECRÉTAIRE, LE MAITRE D'HOTEL, UN FINANCIER, UN DANSEUR, DEUX PAYSANS, UNE JEUNE BERGERE, PLUSIEURS PERSONNAGES MUETS *des placets à la main.*

ARLEQUIN, *à part.*

ILS viennent me relancer jusques dans mon jardin. Allons, il faut bien les entendre. Un Empereur ne peut pas toujours rester les bras croisés. (*Haut.*) Vous croyez peut-être que je vais m'amuser à lire toutes vos paperasses : mettez vos placets dans vos poches, & expliquez-vous le plus promptement possible. (*A l'un des Paysans.*) Qui êtes-vous !

LE PAYSAN.

Nous sommes des Laboureurs.....

ARLEQUIN.

En ce cas, mes bons amis, je vous expédierai les premiers. Ces Messieurs-là ont le temps d'attendre, & vous avez affaire chez vous.

C 2

LE PAYSAN.

Nous sommes, Monseigneur, sous vot' respect les députés de tout un canton qui a été ravagé par la grêle ; tant y a, Monseigneur, que les biens de la Terre ont été ravagés que c'est une pitié, Monseigneur, & partant, il n'y a pas de moyen que je payiffions toutes les impositions ; & comme Messieurs les Partisans ont l'oreille un peu dure, je venons baiser les pieds de vot' Hautesse, pour à celle fin, si c'étoit un effet de votre grace.....

ARLEQUIN.

J'entends. Exemptés de toutes impositions quelconques pendant cent années, à compter d'aujourd'hui ; écrivez, Secrétaire. Allez, mes amis, retournez planter vos choux. Qu'on fasse raffraîchir ces bonnes gens. Allez boire un coup à la cuisine. (*Au Danseur.*) Et vous ?

LE DANSEUR.

Seigneur, vous voyez devant vous le fameux Danseur Saltado. Je suis sans me flatter le premier de mon art, qui est le premier de tous, & j'ai toujours fait l'admiration des Princes & Princesses qui ont été témoins de mes miracles. Léger comme une plume, droit comme un cierge, adroit comme un singe, personne ne m'égale pour la netteté des entrechats, le moëlleux des pliés, & le sublime des gargouillades. Pour engager sa Hautesse à me donner la petite gratification que je demande, je vais présenter devant elle un petit échantillon de mon talent.

(*Il exécute quelques pas.*)

ARLEQUIN.

Voulez-vous bien vous dépêcher de finir vos gambades ? - C'est fort bien! Vous sautez comme un cabri, & vous méritez une gratification. Que l'on délivre tout-à-l'heure à Monsieur Saltado cinq cents.. paires de souliers ; il doit en user beaucoup. (*Au Financier.*) Et vous, Monsieur, dequoi s'agit-il ?

LE FINANCIER.

Seigneur, mon nom est Mondor.....

ARLEQUIN.

Ce nom-là va très-bien à l'air de votre visage ; vous avez une figure de *postériorité* qui fait plaisir à voir. Donnez-vous donc la peine de vous asseoir. Qu'on apporte un fauteuil.

LE FINANCIER.

Je me garderai bien.....

ARLEQUIN.

Point de cérémonie.

LE FINANCIER.

Mais, Seigneur.....

ARLEQUIN.

Asséyez-vous, je vous dis, ou je ne vous écoute pas. Me prenez-vous pour un Empereur mal élevé ?

LE FINANCIER, *s'asséyant.*

C'est votre Hautesse qui l'ordonne.

ARLEQUIN.

Est-ce quelque Roi de mes voisins qui vous envoie en Ambassade auprès de moi ?

C 3

LE FINANCIER.

Non, Seigneur ; je suis un de vos sujets. J'ai été pendant vingt années Receveur de vos Domaines & Sous-Fermier de vos revenus.

ARLEQUIN à part.

Je ne m'étonne plus de son embonpoint.

LE FINANCIER.

Je me suis retiré avec environ cent mille roupies de rente.....

ARLEQUIN.

C'est modeste.

LE FINANCIER.

Mais les folles dépenses de ma femme, les étourderies de mon fils, jointes à quelques événements imprévus, ont subitement dérangé ma fortune, & me forcent de supplier votre Hautesse de m'accorder vingt mille roupies de pension, pour les services que j'ai rendus autrefois à l'Etat.

ARLEQUIN.

Cela me paroît très-juste. Vous avez un bon carrosse ?

LE FINANCIER.

Oui, Seigneur.

ARLEQUIN.

Et Madame Mondor aussi ?

LE FINANCIER.

Oui, Seigneur.

ARLEQUIN.

Et Monsieur votre fils a aussi un petit carrosse ?

LE FINANCIER.

Oui, Seigneur.

ARLEQUIN.

Vous avez un équipage pour la chasse ?

LE FINANCIER.

Oui, Seigneur.

ARLEQUIN.

Une trentaine de chevaux dans vos écuries ?

LE FINANCIER.

Oui, Seigneur.

ARLEQUIN.

De grands Valets bien galonnés ?

LE FINANCIER.

Oui, Seigneur.

ARLEQUIN.

Une petite maison dans le Fauxbourg ?

LE FINANCIER, *hésitant.*

Oui, Seigneur.

ARLEQUIN.

Vous demandez vingt mille roupies de pension, je veux vous en donner trente mille.

LE FINANCIER.

Ah! Seigneur, votre munificence.....

ARLEQUIN.

Je ne fais pas les choses à demi, moi. D'abord, je vous permets d'aller dans le même carrosse, vous, Madame Mondor & Monsieur votre fils. Je

C 4

vous permets de fupprimer votre équipage de chaf-
fe, de réformer la moitié de vos chevaux & la
moitié de vos grands Valets galonnés; & de vous
defaire de la petite maifon du Fauxbourg. Je crois
que voilà au moins vingt mille roupies de rente
dont je vous fais cadeau, fans rien diminuer de mon
Tréfor Impérial ; &, pour le furplus, je vous permets d'aller dans vos Terres paffer le temps que vous
voudrez, d'y mettre ordre à vos affaires, & de vous
y occuper du bonheur de vos Vaffaux. Allez, Mon-
fieur, & ne reparoiffez pas de fi-tôt devant ma Hauteffe. (*Au Maître-d'Hôtel.*) C'eft vous, Maître-
d'Hôtel ; que demandez-vous, mon ami ?

LE MAITRE-D'HOTEL.

Seigneur, c'eft moi qui ai eu l'honneur de faire
rôtir le cochon de lait que.....

ARLEQUIN.

Il étoit bien riffolé. Mais il ne s'agit pas à préfent de cochon de lait. Que fignifie ce papier que
vous avez à la main ?

LE MAITRE-D'HOTEL.

Je fupplie votre Hauteffe de m'accorder une petite gratification de.....

ARLEQUIN.

Vous êtes bien preffé, Maître-d'Hôtel, nous
verrons cela. En attendant, je vous donne..... tout
ce que vous avez volé depuis que vous êtes en place. Mais je crois que l'Audience eft bientôt finie.

LE SECRÉTAIRE.

Seigneur, une jeune Payfanne demande à fe jet-
ter aux pieds de votre Hauteffe.

ARLEQUIN.

Une jeune Paysanne ?

LE SECRÉTAIRE.

Oui, Seigneur ; elle est charmante. La Nature semble avoir pris soin de l'orner de tous les dons, que la modestie embellit encore.

ARLEQUIN.

Elle est jolie ? Diable ! Il faut prendre garde à ce que nous allons faire. L'homme est naturellement fragile, & le meilleur moyen de ne pas succomber à la tentation est de ne pas s'y exposer..... Secrétaire, prêtez-moi votre mouchoir.

(Il se fait bander les yeux.)

A présent, je ressemble à la Justice comme deux gouttes d'eau. Faites approcher la jolie fille.

LA BERGERE.

Seigneur.....

ARLEQUIN.

Rassurez-vous, mon enfant.

LA BERGERE.

J'embrasse vos genoux, Seigneur, & j'implore vos bontés. Si ma douleur ne vous touche pas, le désespoir m'ôtera bientôt la vie.

ARLEQUIN.

Secrétaire, elle a la voix bien douce. Je crois que vous ne feriez pas mal de me boucher aussi les oreilles avec du coton.

LA BERGERE.

Mirtil, jeune Berger du Village, m'aime dès la

plus tendre enfance. Mirtil est si doux, si complai-
sant ! Je n'ai pu m'empêcher de le payer d'un peu
de retour. Il avoit l'aveu de mon pere qui avoit enfin promis de nous unir au Printemps prochain.....

ARLEQUIN.

Et vous attendiez avec impatience le retour des
hyrondelles ?

LA BERGERE.

Notre bonheur a duré bien peu. Le jour de notre
mariage étoit fixé ; déjà nous croyions être l'un à
l'autre, quand un ordre cruel m'a enlevé Mirtil,
en le mettant au nombre des Soldats de votre Hautesse. On l'a arraché de mes bras ; il va partir, je ne
le reverrai plus.

ARLEQUIN.

Consolez-vous, jeune fille, je vous rendrai votre
Amant. J'aime mieux avoir un Soldat de moins, &
un pere de famille de plus.

LA BERGERE.

Vous me donnez la vie.

ARLEQUIN, *après s'être débandé les yeux.*

Elle est très-jolie, ma foi ! & Monsieur Mirtil est
de bon goût. Mademoiselle, je suis très-content
que vous ayez gagné votre procès, & je vous en
fais mon compliment. Ne pleurez plus, vous serez
mariée le jour que vous avez choisi. Si j'ai le temps,
je ferai ensorte de me trouver à votre noce. J'aime
assez les noces, moi. Allez, ma belle enfant, allez
consoler votre Amant. (*Au Secrétaire.*) Secrétaire,
tous les Juges, dans mon Pays, quand ils reçoi-
vent des solliciteuses font ce que vous m'avez vu

faire. C'est une précaution qui n'est pas toujours inutile..... Le reste de l'audience à l'ordinaire prochain.

SCENE II.

ARLEQUIN, L'ÉTHÉRÉE.

ARLEQUIN.

AH! vous voilà, mon cher Maître, on a bien de la peine à vous rencontrer. Est-ce que vous me prenez pour un de ces parvenus qui rougissent de leur premier état.

L'ÉTHÉRÉE.

Je suis éloigné, mon ami, de te faire cette injure. Eh bien! comment te trouves-tu de ta situation présente?

ARLEQUIN.

Ma foi! Monsieur, je m'en trouve fort bien, pour peu que cela dure. On fait de grands préparatifs pour mon mariage. J'ai vu tantôt l'Impératrice à sa fenêtre; c'est le plus joli morceau!.....

L'ÉTHÉRÉE.

Ainsi, Arlequin, séduit par un vain prestige, ferme les yeux sur les dangers qui l'environnent.

ARLEQUIN.

Que voulez-vous dire?

L'ÉTHÉRÉE.

Qu'il faut abandonner ces lieux qui ont pour toi tant de charmes.

ARLEQUIN.

Non pas, Monsieur; je me souviens de la chanson:

Sommes-nous bien, tenons-nous-y.

L'ÉTHERÉE.

Non, mon ami. Il faut se hâter d'interrompre un rêve qui te conduiroit à un réveil affreux.

ARLEQUIN.

Expliquez-vous. Je tremble déjà. Est-ce une conspiration, une guerre civile?

L'ÉTHERÉE.

Apprends que les infortunés, qu'un sort aveugle place sur le Trône de cette Isle, languissent sans crédit & sans autorité; & qu'à peine un an s'est écoulé, ils sont enlevés par ordre du Grand-Prêtre, & conduits dans une Isle déserte où ils meurent bientôt de faim, quand ils ne sont pas dévorés par les bêtes féroces.

ARLEQUIN.

Malheureux que je suis! Ciel! ayez pitié de ma Hautesse! Je crois déjà voir un gros vilain ours me mettre la patte sur le corps. Je m'en vas donner ma démission.

L'ÉTHERÉE.

Attends donc.

ARLEQUIN.

On ne m'avoit pas dit cela.

L'ÉTHERÉE.

Mais la prudence exige.....

ARLEQUIN.

Que je résigne mon Royaume à qui voudra le prendre. Je suis dégoûté de la grandeur.

L'ÉTHERÉE.

Ecoute-moi.

ARLEQUIN.

Je me doutois bien que ce Grand-Prêtre, avec sa grande barbe & ses deux moustaches, n'étoit qu'un fournois.

L'ÉTHERÉE.

Il faut donc agir avec la plus grande discrétion. Peut-être pourrons-nous délivrer la Princesse de la captivité où elle est réduite, & lui rendre l'époux qu'elle a perdu. Nous avons une ressource.....

ARLEQUIN.

Plus de ressource.

L'ÉTHERÉE.

Notre machine.....

ARLEQUIN,

Plus de machine.

L'ÉTHERÉE.

Explique-toi.

ARLEQUIN.

Battez-moi, tuez-moi, je vous en prie.

L'ÉTHERÉE.

Parle donc.

ARLEQUIN.

Il est parti !

L'ÉTHERÉE.

Qui ?

ARLEQUIN.

Le defir de vous retenir auprès de moi..... Ma Maîtreſſe de l'autre monde..... Les diamants..... Je l'ai envoyé me porter une lettre à Paris. Nous ſommes morts, vous dis-je, & c'eſt ma faute.

L'ÉTHERÉE.

La frayeur te fait extravaguer. Remets-toi.

ARLEQUIN.

Eh bien, Monſieur, puiſqu'il faut que vous le ſçachiez, apprenez donc que j'ai donné ordre au Secrétaire de mes commandements d'aller dans le petit bois couper la corde qui retient notre Ballon ; & une fois la bride ſur le col.....

L'ÉTHERÉE.

Malheureux ! fuis loin de moi ou redoute ma colere. Que devenir ? Mais je l'avois caché dans le plus épais du bois. Peut-être ſeroit-il temps encore..... Ah ! courons prévenir, s'il ſe peut, un accident ſi funeſte.

(Il ſort.)

SCENE III.

ARLEQUIN, ſeul.

LA méchante femme que cette fortune ! Elle ne m'a fait bonne mine un petit moment, que pour me tourner caſaque auſſi-tôt. Pauvre Arlequin ! tu au-

rois bien mieux fait de rester toujours Arlequin.....
Reléguer ma Hautesse dans une Isle déserte, où je
m'ennuierai tout seul jusqu'à ce que je sois mort de
faim ou mangé par les ours. Si je n'avois pas ren-
voyé notre voiture, nous aurions pu faire un trou
à la Lune. Cherche après, Monsieur l'Empereur a
fait banqueroute. Allons, je n'ai qu'à prendre mon
deuil..... Mais, voilà ce maudit Grand-Prêtre. Si
je n'étois pas si poltron, je lui tordrois le cou de
grand cœur.

SCENE IV.

ARLEQUIN, DURPHÉGOR.

DURPHEGOR.

QUE le Soleil de la prospérité vous éclaire toujours. Je baise humblement la poussiere des pieds
de votre Hautesse.

ARLEQUIN, *avec humeur.*

Ma Hautesse n'a point les pieds poudreux.

DURPHEGOR.

Seigneur, tout est préparé pour la cérémonie qui
doit vous unir à notre auguste Impératrice.

ARLEQUIN.

Oh! je ne suis pas pressé. Je me marierai aussi-
bien demain qu'aujourd'hui.

DURPHEGOR.

J'oserai représenter à votre Hautesse que l'usage

veut que le jour de son couronnement voie allumer le flambeau de son hymenée.

ARLEQUIN.

Je me moque de la mode, moi. Au surplus, je vas vous parler tout naturellement. J'ai fait mes réflexions ; si vous voulez reprendre votre Royaume & votre Couronne, vous en êtes bien le maitre, car je n'en veux plus.

DURPHEGOR.

Quoi ! Seigneur.....

ARLEQUIN.

Je tombe des nues ici. Je ne suis pas encore débotté qu'on m'offre une place d'Empereur. Je n'avois pas diné ; j'ai confenti ; mais c'étoit pour rire.

DURPHEGOR.

Seigneur.....

ARLEQUIN.

Vous avez cru que c'étoit férieusement ?

DURPHEGOR.

Je ne puis croire ce que votre Hauteffe me fait la grace de me dire.

ARLEQUIN.

Rien cependant n'est plus certain.

DURPHEGOR.

Seigneur, votre acceptation est irrévocable.

ARLEQUIN.

Vous me ferez régner malgré moi peut-être.

DURPHEGOR.

La coutume de cette Isle.....

ARLEQUIN.

ARLEQUIN.

Je ne veux pas être Empereur, moi.

DURPHEGOR.

Permettez-moi.....

ARLEQUIN.

Et je ne le ferai pas.

DURPHEGOR.

Quel événement imprévu a donc fait changer les difpofitions de votre Hauteffe ?

ARLEQUIN, à part.

Si je pouvois l'en inftruire & lui arracher fa mouftache ! Mais il faut fe contenir.

SCENE V.

ARLEQUIN, DURPHÉGOR, L'ÉTHÉRÉE.

DURPHEGOR, à l'Éthérée.

VENEZ, Seigneur, venez m'aider à vaincre la réfiftance de fa Hauteffe, qui refufe maintenant le Sceptre qu'elle a bien voulu accepter.

ARLEQUIN.

Non, vous aurez beau dire, c'eft un parti pris ; je fuis entêté en Diable.

L'ETHERÉE.

Sa révérence a raifon, il n'eft plus temps.....

D

ARLEQUIN.

Il est toujours temps de s'arrêter quand on va faire une sottise.

L'ETHERÉE à *Durphégor.*

Je saurai le déterminer à satisfaire vos desirs.

DURPHÉGOR.

L'instant de la fête approche.

L'ETHERÉE.

Je prends tout sur moi. Il consentira, vous dis-je.

ARLEQUIN.

Je consentirai ! oh ! c'est ce qu'il faudra voir.

L'ETHERÉE.

Je m'offrirais, plutôt moi-même pour prendre sa place.

ARLEQUIN.

A la bonne-heure, si elle vous fait plaisir, vous n'avez qu'à parler.

DURPHÉGOR, à *l'Etherée.*

Je sors, persuadé que vous saurez engager sa Hautesse à ne plus s'opposer à nos vœux.

(*Il sort.*)

SCENE VI.

L'ÉTHÉRÉE, ARLEQUIN.

ARLEQUIN.

JE ne suis pas encore assez malheureux, il faut que vous me jettiez vous-même dans la gueule du loup.

L'ÉTHÉRÉE.

Voilà où nous réduit ton imprudence.

ARLEQUIN.

Qui Diable auroit deviné cela? Ces gens de la Lune ont des coutumes si singulières!

L'ÉTHÉRÉE.

Avoue que tu partirois de bon cœur, si nous en avions encore les moyens. Tu ne te ferais plus tirer l'oreille.

ARLEQUIN.

Vous avez bien raison. Je me sens un courage de lion pour décamper.

L'ÉTHÉRÉE.

Si je te disais que notre départ est possible & plus prochain que tu ne penses.

ARLEQUIN.

Parlez-vous sérieusement? Auriez-vous trouvé quelqu'occasion?

L'ÉTHÉRÉE.

Heureusement je suis arrivé assez-tôt pour prévenir l'effet de l'ordre imprudent que tu avais donné. Notre Ballon est en sûreté à quelques pas d'ici.

ARLEQUIN, *avec transport.*

Où est-il ce cher ami, que je l'embrasse. Partons, Monsieur, partons sans dire adieu ; j'envoie l'*Empereurerie* à tous les Diables. Je ne serai pas mangé ! je ne serai pas mangé.... mais je ne ma g rai peut être plus, si nous faisons capot.

L'ETHERÉE.

Voilà ta poltronnerie qui reprend le dessus.

ARLEQUIN.

C'est un restant d'habitude. Montons en voiture, & fouette cocher.

L'ETHERÉE.

Tu ne songes pas à la Princesse qui a imploré notre secours.

ARLEQUIN.

Songeons d'abord à nous. Mais tenez, la voici.

SCENE VII.

L'ETHERÉE, ARLEQUIN, AZEMA, FATIME.

L'ETHERÉE, *à Azéma.*

EH bien ! Madame, vous confiez-vous à ma foi ? Prenez-vous place auprès de nous pour venir chercher des destins plus dignes de vous ?

AZÉMA.

Je suis vivement touchée, Seigneur, de vos soins généreux. Il me seroit doux de vous devoir un sort plus propice ; mais que m'importe la vie, si je perds tout ce qui me la fait chérir !…… Partez, généreux étrangers, emportez mes regrets & la certitude de vivre toujours dans mon souvenir.

L'ÉTHERÉE.

Ah ! Madame, que ne puis-je sacrifier ma vie à votre bonheur !

LA PRINCESSE.

Craignez le retour de Grand-Prêtre, Seigneur ; le temps presse ; préparez-vous à nous quitter.

ARLEQUIN avec transport.

Oh ! la bonne idée qui vient de se trouver dans ma tête ! C'est une chose admirable ! On me rendra justice.

L'ÉTHERÉE.

Que veux-tu dire ?

ARLEQUIN.

Vous conviendrez de la supériorité de mon génie.

L'ÉTHERÉE.

Explique-toi.

ARLEQUIN.

Vous ne direz plus qu'Arlequin n'est qu'une bête.

L'ÉTHERÉE.

Parle donc.

ARLEQUIN.

Madame l'Impératrice retrouvera le Prince Azor, & je lui rendrai sa Couronne.....

L'ÉTHERÉE.

Finiras-tu ?

ARLEQUIN.

D'abord..... Mais devinez..... Je vous le donne en cent.

L'ÉTHERÉE.

Ma patience est à bout. Je suis bien bon d'écouter de pareilles sornettes.

FATIME.

On vient ; c'est le Grand Prêtre avec sa suite. Gardez-vous d'en dire davantage.

ARLEQUIN, à part.

Arlequin, mon ami, c'est ici qu'il faut montrer de quoi tu es capable.

AZEMA, à part.

Grands Dieux ! quelle sera l'issue de cette aventure ?

SCENE VIII.

L'ÉTHÉRÉE, AZÉMA, FATIME, ARLE-
QUIN, DURPHÉGOR, Suite.

(Le Grand-Prêtre & sa suite exécutent une marche,
accompagnée de musique.)

ARLEQUIN, *après avoir parlé bas à l'Éthérée.*

JE sçavois bien moi que vous approuveriez mon projet. Je me charge seul de l'exécution. Soyez tranquille.

(A Durphégor.)

Seigneur Durphégor, j'ai fait mes réflexions. Je me suis apperçu que la Princesse Azéma étoit folle de moi, ce seroit conscience de faire mourir de chagrin une personne aussi aimable. Pour rendre la fête plus magnifique, je veux paroître dans tout l'éclat de ma gloire. Attendez-moi, je reviens dans la minute.

(Il sort.)

D 4

SCENE IX.

LES PRÉCÉDENS, *excepté Arlequin.*

DURPHÉGOR.

LA faveur des Dieux s'est signalée pour nous en ce jour. Ils ont exaucé nos prières en donnant à la Princesse un époux, à nous un Empereur. Le Temple est préparé, l'encens fume; l'ivresse du Peuple atteste le bonheur qu'il attend d'un hymen formé sous de si favorables auspices. Hâtons-nous de terminer cette auguste cérémonie.

La musique recommence.

SCENE X *& derniere.*

LES PRÉCÉDENS, ARLEQUIN *dans un Ballon, retenu par des cordes que tiennent quatre hommes.*

ARLEQUIN.

LA, là, là, mes amis : doucement. Il ne faut pas aller au galop. Arrêtez-vous. (*Il descend.*) Eh bien ? Seigneur Durphegor, que dites-vous de cette voiture ?

DURPHEGOR.

Elle est d'une espèce tout-à-fait nouvelle.

ARLEQUIN.

Au moins ne rifque-t-on pas d'écrafer l'infante-
rie. (à *Azéma.*) J'efpere, Madame, que vous
voudrez bien prendre place à côté de moi.

AZEMA à part.

Ciel! que vais-je devenir?

ARLEQUIN.

Attendez, attendez, je n'y penfais pas, moi. Je
vous demande mille pardons, Seigneur Pontife. C'eft
à vous qu'appartient la place du fond. Si votre
Révérence veut bien fe donner la peine de mon-
ter. . . . .

DURPHEGOR.

Seigneur, je fais trop ce que je dois à votre
Hauteffe.

ARLEQUIN.

Un Pontife à pied! vous n'y fongez pas. Allons,
ne faites pas l'enfant : montez, vous dis-je.

DURPHEGOR.

En vérité, je fuis confus. . . . .

ARLEQUIN.

Point de complimens, je vous en prie.

DURPHEGOR.

Vous l'ordonnez, j'obéis. (à part.) Profitons
de fa bonhommie, le peuple n'en aura que plus
de vénération pour moi.

(*Il monte dans le char.*)

ARLEQUIN *coupe avec fa batte les cordons
du Ballon qui s'échappe.*

Par la vertu de ma petite Baguette de Jacob,

partez, mufcade. Bon voyage, Seigneur Durphégor. Allez m'attendre dans l'ifle où vous mé pré-
pariez un logement.

L'ETHERÉE.

Bravo! mon cher Arlequin.

AZEMA.

Ah! Seigneur, ma reconnoiffance.....

ARLEQUIN.

Nous voilà débarraffés d'un perfonnage fort in-
commode pour tout le monde. Peuples, vous
allez être heureux, fous l'empire d'une Princeff
qui, devenue libre, ne s'occupera que de votr
félicité. Allons rendre la liberté au Prince Azor
à qui je remettrai de bon cœur la couronne. J
me contenterai de quelque bonne place, fi o
m'en juge capable, comme de Directeur - Gé
néral..... de la cuifine & de la cave.. Allons
réjouiffons-nous, & que l'époque du bonheur d
cette ifle foit confacrée par le plaifir.

Fin du troifieme & dernier Acte.

(La Pièce eft terminée ar un Divertiffement.)

APP *ION.*

Lu & approuvé le 6 Avril 1786. SUARD.

Vu l'Approbation, permis d'imprimer. A Paris
ce 7 Avril 1786. DE CROSNE.

168

www.ingramcontent.com/pod-product-compliance
Lightning Source LLC
LaVergne TN
LVHW050302090426
835511LV00039B/937